AF295015

Benjamin William
& The Social Poetry Club

NESSAYA

Gedichte

poeme_edition:kieber

Bibliografische Information der Deutschen Nationalbibliothek:
Die Deutsche Nationalbibliothek verzeichnet diese Publikation in der Deutschen Nationalbibliografie; detaillierte bibliografische Daten sind im Internet über http://dnb.dnb.de abrufbar.

produziert von © 2025 EDITION KIEBER

Alle Stücke geschrieben*, bearbeitet, konzipiert und produziert von © 2025 Benjamin William
Aufgezeichnet* in dem Zeitraum 14.09.2024 –11.10.2024
*außer, wo anders gekennzeichnet

Bildmaterial: © Benjamin William
Autorenfoto – aus dem privaten Bildarchiv des Autors
Covergestaltung & Bildbearbeitung: Ben Kretlow

Kontakt: Email – info@benkretlow.de
Instagram - @benstagram1985

Verlag: BoD · Books on Demand GmbH,
Überseering 33, 22297 Hamburg, bod@bod.de
Druck: Libri Plureos GmbH,
Friedensallee 273, 22763 Hamburg

ISBN: 978-3-8192-0728-0

<u>**LP1.** Seite A:</u>

FOTO
JEMALS GENUG
(geschrieben w/ Kevin Prox)
VERSCHWOMMENE AUGEN
(geschrieben w/ Marie Schlegel)
NESSAYA KID
RELIKT
(geschrieben w/ Jennifer Jyn Valina)

foto

unter deinem schutz wollte ich nur sein:
ja, in dieser sicherheit von jedem wort,
das du sprichst
wie du ein gefühl machst aus diesem allein,
an dem aber keine ruhe danach zerbricht

wie in einem garten, der jeden lärm vergisst:
keine blume im sturme zerknickt
wie ein foto, das immer wieder
neu belichtet ist,
auf dem man durch dich hindurch blickt

wie in einem spiegel, weißtdu?,
in dem die reflexion deines selbst
alles ist, was man sieht,
in der deine hoffnung: ja, dein seelenfrieden
auf jeder einzelnen deiner wimpern... liegt.

jemals genug
(Benjamin William/Kevin Prox)

ein schönes leben passt zwischen zwei
atemzüge. der erste gibt dir alles, um in eine
welt einzutauchen, die du noch nicht siehst;
ja, er gibt dir in etwa eine ahnung davon,
wer du sein kannst, wenn der letzte schutt
deiner ruinen beiseite liegt, aber noch so vom
rand deines blickfelds, damit du nie vergisst,
was dich so werden ließ, als du angefangen
hast, *dich + dich* wirklich zu sehen.
der zweite wird dir dann verraten, dass du
längst wusstest, nie eines deiner worte,
nein, ist irgendjemandem jemals: genug.
auch wenn du nicht aufhören wirst, tiefer
+ tiefer zu kratzen unter ihrer schicht, die
ja doch letztendlich niemand... so wirklich
verbirgt.

verschwommene augen
(Benjamin William/Marie Schlegel)

wenn du weiter schweifst, als ich schwebe,
& du meer schweigst, als ich rede
ja, wenn du tiefer suchst, als ich mich lege,
fallen unsere träume manchmal so
klirrend laut + leis
in allem so fragil zugleich,
dass ich nichts von ihrem aufprall... verstehe

& dann diese verschwommenen augen,
in die ich sehe
diese worte, die ich ein + aus tausendmal
überlege
ja, deine drehungen, die ich gar nicht
bewege,
als du mich noch festhältst,
während du schon loslässt...
und ich irgendwann gehe

& alles wunder endet dann im chaos. ich bete
dass jede neue nacht für mich einen anfang säe,
in dem ich nach etwas anderem als dir strebe:
dass da jemand ist, der nicht nur nimmt,
sondern wahrer fühlt von dem: was ich gebe

nessaya kid

nessaya, du hast doch gesagt,
dass du auch weiter willst?!
nur warum
versteckst du hinter deinen händen
eine welt,
die niemand sehen darf,
außer dir?

du sagst das eine,
du meinst das eine
+ sprichst es noch lauter
und lauter,
während deine worte darin
aber leiser klingen
als jemals
jemals zuvor

du, schneid ihn raus den tumor
hier tief aus deiner liebe,
ja, ganz weg aus deinem humor,
& nimm den regenschirm und... fliege –
ich weiß nämlich, du siehst diese
zwei farben in deinem kopf
+ die wolken, die du dazu mischst
von weile zu weile
ich sehs ja, buchstabenwelt/umbruchzeile,
auch wenn du nichts,
nö, nichts weiter dazu sagst

und bloß los willst
von hier
von hier, wo du nach nichts meer fragst

relikt
(Jennifer Jyn Valina/Benjamin William)

*ich hasse die art, wie du mein herz
zerbrichst,*
steht irgendwo in ihren briefen geschrieben
*in einer welt ohne hoffnung bin ich nur noch
ein relikt,*
lassen ihre tränen diese worte in starre
liegen

nur schau dir an, was du geschaffen hast,
auf einer notiz steht es grad noch so lesbar
leise:
*etwas so heiliges hast du zu einer lüge
gemacht,*
kämpft sie schon so lang an gegen
seine fatale art + weise,

*dass deine lippen, die noch auf meinen wie
feuer brennen, uns so leichtfertig verraten –*
ihre wunden auf dem papier spürbar
zu ertasten:
*denn wie mein herz nicht meer mir gehört,
sondern dir,*
können ihre nicht kommenden narben, nein,
niemals fassen

die zeit bewegt dich
(Haydar Karaldi/Benjamin William)

die zeit / bewegt sich für das leben, / so wie
der wein, / der schrillend in meinem blute
tanzt; / dabei die nacht ein meer / aus
tausendmal blinzeln, / & dann / siehst du
das ganze bild irgendwann im herbst // ja,
der herbst, / er isses, der so laut klopft an
meinem fenster, / bis die tränen der wolken
aufhören, ja, solang, / bis die tränen der
wolken aufhören, / schreib ich
herzbrucherfüllte poesie + schmissige
lieder, / zu denen wir ja doch alle irgendwie
träumen. // ich liege im bett, / ein letzter
klang der melodie des himmels, / ja, *liebe*
zwischen dem himmel / *und* den wolken,
während die playlist von vorn beginnt / in all
den stunden, / die ich nicht meer höre

der wind und ich

hilf mir, ruft der wind: ich brauche dich
sei du die ausnahme und durchbrich
das, was euch menschen voneinander kehrt,
und das, was das leben euch so bitter lehrt

also komm mit mir, sagt der wind: ich zeige dir
eine ganz andere perspektive als bloß hier
und spann mit mir deine flügel auf
und lass deinem wirken endlich seinen lauf

denn das ist die *eine* macht, die du hast,
auch wenn du jetzt grade darüber
                        undenkbar lachst
doch ich weiß warum, geduldig spricht der wind:
weil in dieser welt nunmal alle so sind

doch du – nein, du musst das nicht leiden:
hör auf, allem und jedem immer zu verzeihen!
denn wenn du erst deine wahrheit
                       in allem erkennst,
wird sie es auch sein, die dich nie meer...
                          beschränkt

vergiss nicht deine gebete
Nessayas Lied an das innere Kind

sprich nicht mit fremden,
& vergiss nicht deine gebete bei nacht
deine träume, nein, werden niemals enden,
denn es gibt immer jemanden,
der über dich wacht

niemand wird dich lieben, hörstdu?,
so sehr, wie ich es tue,
was aber nicht bedeutet,
dass andere dich nicht lieben werden,
während ich immer in dir ruhe

irgendwann werde ich wieder vor dir stehen,
& die ganze welt liegt dann in dir begründet
mein herz wird in jeder zeit nach dir sehen,
wo immer diese reise für dich auch mündet

aber ich... ich muss nun gehen
& du, bitte warte immer, bis du weißt,
was dich hält
dein bild fühl ich nämlich, sich
an mich lehnen,
weil du bist niemand, hörstdu?: der fällt

geister

sag, wem gehört das auge,
das in dir wacht?
wem gehört die furcht,
die dich wachliegen lässt bei nacht?
du, wem gehört das schreien,
das von dir aber niemand hört?
& wem schreibst du die schuld zu für das,
was dich zerstört?

du, da ist ein klirren auf dem flur
da ist angst einflößendes gelächter
& wenn du dich versteckst, dann nur,
dass es ruhiger in dir wird, nicht schlechter

also weißt du, woher diese träume kommen,
die dein inneres bild zerschießen?
ich weiß, du gabst + hast nie genommen;
ich weiß, nicht eine träne wird meer
aus deinen augen fließen

sag, weißt du nun, wem das auge gehört,
das in dir wacht?
welcher teil deines bewusstseins hat dich
an diesen punkt gebracht?
denn wenn sie wegschaut,
ja, dann schweigt er
+ weiß im stillen um
all die narben ihrer geister

drei wünsche nachts
(*inspiriert durch eine Zeile von Sünje Lewejohann)

ich halt die nacht nicht auf. ich weiß, du
wirst nicht in der türe stehen + nochmal
einen blick wagen hinein in meine welt
zwischen zeilen + all den kerzen, die für
niemanden brennen hier meer im zimmer.
diese ruhe, und dann der gedanke daran,
dass du irgendwann zurückkommst – du,
dieses bild: das ist längst verblasst. // was
hinter dem fenster passiert, aus dem ich
nicht in das dunkelblau schaue, davon habe
ich keine ahnung, nein... niemand wird mich
hier finden, weil niemand weiß, wo ich jetzt
bin. // und gehe ich nachts durch die straßen,
kühler wind im nacken, drei wünsche hast du
frei, verspricht mancher schlaf danach, aber
alles, was ich dann sehe, ist nur dein lächeln
wie ein riss im beton, dem man wieder
+ wieder nichts entgegenzusetzen hat

*Die Zeile "Dein Lächeln ist wie ein Riss im Beton":
geschrieben von Sünje Lewejohann*

nessaya, was denkst du? (intro)

was braucht es noch für einen moment,
damit der letzte fleck in dir endlich sieht,
dass diese welt keines ihrer versprechen hält –
egal, was du alles von dir gibst?

nessaya, das leben, das dich formt + bricht;
das deine erinnerungen öffnet + schließt;
das dir lachen + tränen zeichnet
auf ein gesicht,
das kaum noch vergibt:

du, isses diese eine schlinge, die sich
zuzieht um deinen hals?
hier, ich bin auch nur irgendjemand, nein,
den niemand sieht
hm, was in deiner ruhigen nacht macht dich
nur so kalt?
du, sind wir nun zu zweit, wenn es sonst
keine hoffnung meer gibt?!

bird unbound

ich bin nicht hier:
ich geschehe nicht
bin raus aus mir:
neues gesicht

ich blute nicht meer:
ich jubel, rausch + wein
endlich nur irgendwer:
der atmet, einfach ist + frei

ich bin nicht hier:
ich bin lange fort
& der, den du in mir findest,
ist längst an einem andern ort

ich strebe ohne traum:
lila erlösung per excellence
ich bin nun raum
+ zeit in gleicher balance

ich bin nun raum + zeit:
in gleicher

:balance:

dorn
(Benjamin William/Susanna Wenzel)

ich will der dorn sein,
der dir keine ruhe gibt,
und in repeat in deinem ohr bleiben
wie das tragischste lied

nein, ich will nie meer tanzen,
wenn du nicht hinsiehst,
und mich nirgendwo verschanzen,
wo du leise wie frieden liegst:

du, alles, was ich will, ist schlafen,
& vielleicht will ich auch gar nicht ruhn.
nur weiß ich, in + mit deinem großen ganzen
hab ich hier nichts meer zu tun.

willen

alles, was ich will, sagt sie:
ja, alles, was ich brauche,
ist, zu vergessen, wie
mein herz gebrochen wurde,
während ich die–
se letzten drei zigaretten rauche

du weißt, wonach ich mich sehne;
doch für dich bin ich nur ein spiel,
dem ich bis zu einem
bestimmten punkt begegne,
& was ich darin spüre... du, ist viel

yes, du hältst mich immer
wieder süchtig;
dieser zug, ich weiß, hilft nie.
du bist meine abhängigkeit;
& baby, ja, ich dein züchtig –
doch wie deiner aura zu entkommen:
unbeschadet + schier,
blende ich aus in meiner gier

zeitflüstern
(Benjamin William/Cem Yilmaz)

das einzige, was leben von lieben
unterscheidet, ist ein vokal,
der alles ändern kann,
wenn du ihn in deiner stillsten nacht
zu jemandem sprichst,
der dich fühlt + fühlt + innig weiß,

wie du aus jedem winter
einen neuen sommer machst...
und auch andersrum,
ja, auch andersrum,
ohne, dass etwas dazwischen
verloren geht, was euch
für immer hält.

bitte lass meine hand nicht los, sagt er:
du, ich werde niemals gehen..., flüstert
sie

idiotesque

zwischen weltraumstarre + gedankenozean
seh ich auf ne nachricht, die ich nicht lesen kann
ich bekam ne nachricht, die ich nicht lesen kann

frauen + kinder im apokalypsenwinter
zuerst runter in den bunker
türen geschlossen, hysterisches gelächter
unsere träume werden nur noch schlechter

keine furcht in den augen meer vergossen
wir im nebel blank zerflossen,
reiß ich mir ignorant auf ihrem platz
schallend lachend den überfrachteten kopf ab
+ nehm mir von den umnachteten:
den verstörenden: einen,
den wir in zwei hälften teilen,
die nie, nein,
mit– oder gegeneinander weilen
und/oder gar zu denken scheinen

am fenster

gegen den sturm rennen. und selbst dann in
bewegung bleiben, wenn du nicht gegen ihn
ankommst. rechtzeitig die fenster zu
schließen, bis auf einen kleinen spalt, damit
etwas in dir noch was von draußen sieht. du
weißt, du kannst tausend wort denken +
dabei genauso viele nicht sagen, ohne das
gefühl zu bekommen, dass jemand dich
stört. DU bist jedes geräusch, jeder laut, jede
stille.

& dann die letzte zigarette – du, es ist die
letzte –, bevors jemand wagt, ändert sich in
der frühen dämmerung genau durch diesen
kleinen, offen gelassenen spalt
ein leben :::

ruh dich aus, nessaya (interlude)

ruh dich aus, nessaya
denn bald bist du zu haus, nessaya
kein blatt als botschaft
meer im wind, nessaya
ich weiß, aus dir spricht,
ob dus bewusst
aufflirren lässt oder nicht,
das verletzte kind, nessaya

du hast diese eine power, nessaya
denn erste risse in deiner mauer, nessaya
so viele welten schon durchfühlt,
führt dich deine reise immer weiter, nessaya
also weiß, wie sehr verletzungen dich
auch tief schnitten, dass trotzdem sich
dein leben vollenden wird,
wenn du erst irgendwann stehst
vor dieser einen leiter, nessaya

zwel fragen

gerannt durch meerere leben: und hier
+ hier hast du verloren
durchs abwischen der tränen fühlst du dich
immer wieder neu geboren
doch wer du wirklich bist, ich weiß, hältst du
lieber verborgen,
während mit jedem neuen tag,
der dir nichts von änderung sagt,
ein stück meer von deiner hoffnung
stirbt auf ein gütiges morgen

also streifen deine gedanken durch
all deine zeiten,
& du kannst nüchtern betrachtet gar nicht
sagen, welche überwiegen bei weitem
denn alles, was dich formt, ist vorher das,
was dich bricht,
auch wenn du zumeist deine wunden
verstecken kannst geschickt
doch bis du ankommst innem neuen haus
                              eines tages,
bleibt in dir noch die eine oder andere frage:

erstens: nessaya, finden wir menschen
irgendwann wieder, was uns
zusammenhält?
und davor – wie sieht er wohl aus:
dieser reinste ort der welt?

unendlichkeit

ja, wenn die einsicht kommt,
die erkenntnis – und weiter,
& du dann vor die entscheidung trittst,
die dich heilen wird, ja, meint er,

dann öffnen sich neue perspektiven,
andere blickwinkel – und:
du kannst aufhören, sie zu verschieben,
weil du allein: für dein glück: bist der grund

du, ich hab mein halbes leben gebraucht,
um das jetzt zu wissen,
& glaub mir, über den rand getrieben
worden zu sein, war richtig beschissen:
ich hab so viele tränen, tiefen + täler
durchlitten,
& rückblickend könnt man fast meinen:
ja, was hat mich nur geritten?!

aber so ist nunmal das leben,
& man weiß es nicht vorher
ja, du hast nur wahre liebe gegeben,
& manches gegenüber war n schnorrer

du, vielleicht steht es mir auch nicht zu,
dir das jetzt zu sagen,
während dich noch ganz andres plagt
als all diese fragen:

doch ich möchte, dass dus weißt,
dass sich niemals dein wert
durch das, was sie nicht mit dir teilen,
definiert oder klärt
denn du hast meer in dir,
& ich hoff, dass dus siehst,
weil der himmel bezeugt,
wie viel du jeden tag von dir gibst

also, steh jetzt auf – ich spürs, du bist bereit:
für dich + deine wünsche: es wird deine zeit
und wohin du auch gehst,
ja, bitte geh dabei weit,
weil du hast alles schöne verdient
aus deiner unendlichkeit

Alle Stücke geschrieben*, bearbeitet, konzipiert + produziert von Benjamin William
*außer: "jemals genug", geschrieben von Benjamin William + Kevin Prox / "verschwommene augen", geschrieben von Benjamin William + Marie Schlegel / "relikt", geschrieben von Jennifer Jyn Valina + Benjamin William / "die zeit bewegt dich", geschrieben von Haydar Karaldi + Benjamin William / "dorn", geschrieben von Benjamin William + Susanna Wenzel / "zeitflüstern", geschrieben von Benjamin William + Cem Yilmaz / "drei wünsche nachts", geschrieben von Benjamin William, inspiriert durch eine Zeile von Sünje Lewejohann

Aufgezeichnet* in dem Zeitraum 14.09.2024 – 11.10.2024,
*außer: "geister", geschrieben von Benjamin William am 27.03.2025 / "am fenster", geschrieben von Benjamin William am 04.04.2025

**Vielen Dank für Kreativität, künstlerischen
Austausch + ebensolche Zusammenarbeit
an die AutorInnen von The Social Poetry Club:**
Haydar Karaldi, Sünje Lewejohann, Kevin Prox, Marie
Schlegel, Jennifer Jyn Valina, Susanna Wenzel, Cem
Yilmaz

**Von ganzem Herzen besonderen Dank an Nicki für
all ihre Liebe, Zuversicht, Sanftheit + Inspiration.**
*– In tiefster Liebe, Benjamin,
im Mai 2025*

Benjamin William, geboren 1985 als Benjamin William Kretlow, ist ein deutscher Schriftsteller und lebt in Kiel. Er veröffentlichte bis Juni 2024 unter dem Künstlernamen Ben Kretlow.

NESSAYA ist, nach NACHTSCHWÄRMER LOVE SONGS (erschienen im September 2024), sein zweiter Lyrikband seit seiner Namensänderung im Juni 2024.

Unter anderem letzte Veröffentlichungen als Ben Kretlow: *"#DieLetzteFarbe"* (2016, als Printausgabe + eBook), *"2 zeilen & ein stift... gedichte"* (2018, als eBook), *"vom rand der nacht"* (2020, als Printausgabe + eBook), *"xposé. Gedichte 2013-2021"* (2021, als Printausgabe + eBook), *"BLACK ALBUM. traumfäng3r/bootleg"* (2022, als Printausgabe + eBook), *"benjamin winter. Mixtape"* (2022, als Printausgabe + eBook) sowie *"ein gewonnener tag"* (2023, als Printausgabe + eBook).

meer
liebe
füreinander.